Modische
Accessoires
stricken

Inhalt

Vorwort

Modische Accessoires liegen gerade im Trend wie schon lange nicht
mehr. Eigentlich sind Pulswärmer, Stulpen, Mützen, Schals und Fäustlinge zurzeit ein absolutes Muss! Passen Sie Ihre persönlichen Accessoires an Ihren eigenen Kleiderschrank an und wählen Sie Material
und Farben ganz nach Ihrem Geschmack aus. Die Modelle in diesem
Buch sind im Handumdrehen fertig und das Strickzeug lässt sich ganz
einfach in jeder Handtasche verstauen.

Schenken Sie Ihrer besten Freundin einen kuscheligen Schal für kalte
Wintertage oder erfreuen Sie sich selber mit einem Câche-Cœur im
Ajourmuster!

Ob Sie für sich selbst oder für andere stricken: Mit selbst gestrickten
Accessoires liegen Sie nicht nur im Trend, sondern auch immer genau
richtig!

Schal und Baskenmütze

in Blautönen

Glatt rechts

Hinr rechte M, Rückr linke M str, in Runden jede Rd rechts str.

Schalmuster

1. und 2. R: Jede M rechts str.
3. R: Rechts str, dabei nach jeder M 2 U arbeiten.
4. R: Rechts str, dabei die U der Vorreihe fallen lassen und die M lang ziehen.
Die 1. bis 4. R stets wdh.

Anleitung

Schal

Mit Nd 6,0 mm 30 M mit doppeltem Faden für eine Breite von ca. 28 cm anschl, 1 Rückr rechte M str, dann im Schalmuster arbeiten. In 160 cm Höhe alle M abk.
Für die Fransen ca. 20 cm lange Fäden schneiden. An jedes Schalende jeweils 7 Fäden im Abstand von je ca. 2-3 M einknüpfen. Dafür die Fransen zur Hälfte zuslegen, mit der Häkelnadel durch eine Anschlag-bzw. Abkettmasche ziehen, die Fransenenden durch die Schlinge holen und fest anziehen.

Baskenmütze

Für ca. 52–54 cm Kopfumfang mit dem Ndspiel 4,0 mm und einfachem Faden 100 M anschl und 6 Rd rechte M, 1 Rd linke M und 6 Rd rechte M str.
Weiter mit Nd 5,0 mm und doppeltem Faden glatt rechts arbeiten und in der 1. Rd 20 x jede 4. und 5. M rechts zusstr = 80 M. In der folgenden 4. Rd 10 x jede 8. M markieren und vor jeder markierten M je 1x 1 M rechts verschränkt aus dem Querfaden zunehmen = 90 M. Diese Zunahmen an den gleichen Stellen in jeder 3. Rd noch 2x wdh = 110 M. 15 Rd gerade hochstr.
In der folgenden Rd 10x jede 11. M markieren und die markierte M mit der davorliegenden M rechts zusstr. Diese Abnahmen in jeder 4. Rd 3x und in jeder 2. Rd noch 6x wdh = 10 M. In der folgenden Rd 4x 2 M rechts zusstr und über die restlichen 6 M noch 3 cm gerade hochstr, dann die M mit dem Arbeitsfaden fest zuzsziehen.
Den Saum nach innen umnähen, dabei das Gummiband einziehen.

Grösse

Kopfumfang
ca. 56 cm

Material Schal

— Mischgarn
(85 % Polyacryl,
15 % Polyamid,
LL 135 m/50 g),
in Blautönen, 200 g
— Stricknadeln 6,0 mm

Baskenmütze

— Mischgarn
(85 % Polyacryl,
15 % Polyamid,
LL 135 m/50 g),
in Blautönen, 100 g
— Nadelspiele 4,0 mm
und 5,0 mm
— Gummiband,
2 cm breit

Maschenprobe

Mit Nd 6,0 mm bei doppeltem Faden und glatt rechts 14 M und 20 R = 10 cm x 10 cm, bei doppeltem Faden im Schalmuster 10 M und 10 R = 10 cm x 10 cm

Kurzponcho

romantisch verspielt

Grundmuster

Glatt rechts
In Rd rechte M str.

Zopfmuster

Über 10 M nach der Strickschrift
arbeiten. Es ist jede Rd gezeichnet.
Die 1.-6. Rd stets wdh.

Anleitung

Für den Kragen in Beige meliert
72 M mit Stricknd 7,0-8,0 mm anschl
(je Nd 18 M) und im Grundmuster in

Rd str. Nach ca. 12 cm 8x jede
8. und 9. M rechts zusstr (= 64 M)
und noch 4 cm str. Nach 16 cm
Gesamtlänge die Arbeit auf die linke
Strickseite wenden und im Grundmuster weiterarbeiten. Nach 20 cm
Kragenlänge 16x nach jeder 4. M
1 M aus dem Querfaden verschränkt
zunehmen (= 80 M).
Für den Poncho die M wie folgt aufteilen: *10 M linker Zopf, 4 M rechts,
2 Schulter-M rechts, 4 M rechts,
10 M rechter Zopf, 10 M rechts, ab *
1x wdh. Für die Zunahmen in jeder
4. Rd beidseitig der Zopf-M und
beidseitig der 2 Schulter-M 1 U
arbeiten und diesen in der folgenden
Rd rechts verschränkt abstr
(+ 12 M). Nach ca. 10/13 cm Pon-
cholänge (20 Rd = 140 M/24 Rd =
152 M) die Zunahmen in jeder 4. Rd
nur noch beidseitig der 4 Zopfstrei-
fen str (+ 8 M). Nach ca. 42/44 cm
(ca. 244/256 M) als Abschluss
doppelfädig im Flauschgarn 4 Rd
kraus rechts mit Nd 7,0-8,0 mm
(= 1. Rd rechte M und 2. Rd linke M
im Wechsel) anstr, dann die M abk.
An die Kragenkante mit 6 M Abstand
12 Pompons arbeiten.

Grösse
36/38 bzw.
40/42

Material
– Schurwollmischgarn
  (80% Schurwolle,
  20% Polyamid,
  LL 70 m/50 g,) in
  Beige meliert, 50 g

– Flauschgarn
  (100% Polyester,
  LL 90 m/50 g),
  in Natur, 50 g

– Sockenwolle 6-fädig
  (75% Schurwolle,
  25% Polyamid,
  LL 125 m/50 g),
  in Natur, Rest

– Nadelspiel
  7,0-8,0 mm

– Rundstricknadel
  7,0-8,0 mm

– Stricknadeln
  4,5-5,0 mm

– Häkelnadel
  4,0-4,5 mm

– Hilfsnadel

– etwas Füllwatte

Maschenprobe
Mit Nd 7,0-8,0 mm
bei glatt rechts
12 M und 18 R =
10 cm x 10 cm

15

Angaben in cm

12
20
4
4
42/44
42/
44
44/46

Linker Zopf

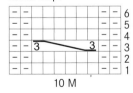

10 M

Rechter Zopf

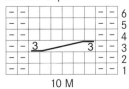

10 M

☐ = rechte M

⊟ = linke M

3   3
= 3 M auf eine Hilfsnd hinter
die Arbeit legen, die folgenden
3 M rechts str, dann die M der
Hilfsnd rechts str

3   3
= 3 M auf eine Hilfsnd vor
die Arbeit legen, die folgenden
3 M rechts str, dann die M der
Hilfsnd rechts str

Schal mit Jacquardbordüre

mit Herzen und Blumen

Kraus rechts

In Hin- und Rückr rechte M str.

Glatt rechts

In Hinr rechte M, in Rückr linke M str.

Jacquardbordüre

Nach dem Zählmuster glatt rechts str. Die nicht verwendeten Fäden auf der Rückseite locker mitführen.

Schal

71 M in Blaugrün anschl und ca. 3 cm kraus rechts str. Danach glatt rechts weiterarbeiten, jedoch die ersten und letzten je 7 M jeder R stets kraus rechts weiterstr. Nach ca. 10 cm insgesamt die Jacquard- bordüre nach dem Zählmuster ein- str, dabei den Rapport der Bordüre nur über die glatt rechten M 7x aus- führen und enden mit der M nach dem Rapport. Danach in Blaugrün weiterstr und in ca. 118 cm Gesamt- höhe die Intarsienbordüre gegen- gleich ausführen, d.h. von der 32.- 1. R arbeiten. Dann wieder in Blaugrün str. Nach 7 cm ab Bordüre noch ca. 3 cm kraus rechts str und danach alle M abk.

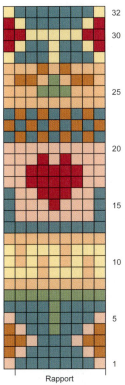

Rapport

Zeichenerklärung

- ☐ = Gelb
- ☐ = Natur
- ☐ = Hellrosa
- ☐ = Orange
- ☐ = Rot
- ☐ = Grün
- ☐ = Blaugrün

Grösse

34 cm x 140 cm

Material

Alpakagarn (100 % Alpaka, LL 100 m / 50 g), in Blaugrün, Grün, Gelb, Hellrosa, Orange, Natur und Rot, je 50 g

Stricknadeln 4,0 mm

Maschenprobe

Mit Nd 4,0 mm bei glatt rechts 21 M und 27 R = 10 cm x 10 cm

Poncho im Ajourmuster

in edler Metalloptik

Ajourmuster

Nach der Strickschrift in R arbeiten. Es sind nur die Hinr eingezeichnet, in den Rückr M str, wie sie erscheinen bzw. beschrieben sind. R 3 bis 30 stets wdh.

Anleitung

Es werden 2 gleich große Teile gestrickt. Für das erste Teil 59 M mit der Rundstricknd anschl (= ca. 42 cm Breite), in der 1. Rückr alle M rechts str, dann nach der folgenden Mascheneinteilung im Ajourmuster weiterarbeiten: Rdm, 7 M laut Strickschrift, 3 x Rapport à 14 M, 8 M laut Strickschrift, Rdm. Nach ca. 71 cm, nach einer 29. R des Ajourmusters in der folgenden Rückr alle M rechts str und in der folgenden Hinr alle M abk. Das 2. Teil ebenso anfertigen und beide Teile zusnähen. An den beiden Schmalseiten der beiden Ponchoteile Fransen einknüpfen. Dafür 60 cm lange Fäden abschneiden, jeweils 6 Fäden zur Hälfte legen und mit der Häkelnd einknüpfen. Der Abstand zwischen den Fransen sollte 2 cm betragen. Fransen auf 25 cm Länge kürzen.

Grösse
36–42

Material
- Wollmischgarn (40 % Polyacryl, 30 % Schurwolle, 25 % Polyamid, 5 % metallisierendes Polyester, LL 75 m/50 g), in Grün, 400 g
- Rundstricknadel 7,0-8,0 mm
- Häkelnadel 7,0-8,0 mm

Maschenprobe
Mit Nd 7,0-8,0 mm im Ajourmuster 14 M und 20 R = 10 cm x 10 cm

TIPP: Aus dem Restmaterial können Sie eine dekorative Ansteckblume häkeln.

□ = 1 M rechts

⊟ = 1 M links

Ⅴ = 1 tiefgestochene M: 1 M rechts, jedoch 1 R tiefer einstechen

O = 1 U, in der folgenden Rückr links str

◣ = 2 M rechts überzogen zusstr: 1 M wie zum Rechtsstr abheben, folgende M rechts str und die abgehobene M darüberziehen

◢ = 2 M rechts zusstr

◿ = 2 M links zusstr

Ⓡ = 3 M überzogen zusstr: 1 M wie zum Rechtsstr abheben, die folgenden 2 M rechts zusstr und die abgehobene M darüberziehen

∏ = 3 M überzogen zusstr: 2 M wie zum Rechtsstr abheben, die folgende M rechts str und die abgehobene M darüberziehen

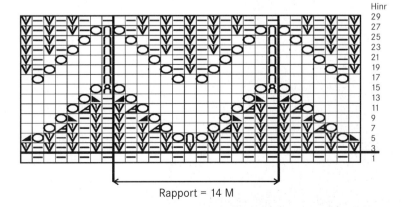

Hinr
29
27
25
23
21
19
17
15
13
11
9
7
5
3
1

Rapport = 14 M

Stulpen mit Häkelblümchen

ein Hauch von Wolle

Rippenmuster

1 M rechts, 1 M links im Wechsel str.

Patentmuster

In R bei gerader M-Zahl:
1. R: Rdm, *1 M mit 1 U wie zum Linksstr abh, 1 M links, ab * stets wdh, Rdm.
2. R: Rdm, *1 M mit 1 U wie zum Linksstr abh, 1 M mit dem U zus links abstr, ab * stets wdh, Rdm.
Die 2. R stets wdh.

Stulpen (2x)

Pro Stulpe 34 M in Pink anschl und wie folgt str:
*in Pink 4 R im Rippenmuster str, dann in Weinrot 1 R im Rippenmuster, 14 R im Patentmuster und 1 R im Rippenmuster arb, ab * 6x wdh. Zuletzt noch 4 R in Pink str und in der letzten R alle M abk.

Häkelblümchen (8x)

1 Lm in anschl (= Blütenmittelpunkt) und wie folgt häkeln:
*2 Lm, 1 Stb in den Blütenmittelpunkt, 2 Lm, 1 Km in den Blütenmittelpunkt, ab * 4x wdh = 5 Blütenblätter. Insgesamt 8 Blümchen häkeln.

Fertigstellen

Die Stulpen an den Längskanten zusnähen. Je 4 Häkelblümchen mit Hilfe je 1 Glasperle auf die unteren 3 Patentstreifen (gemäß Abbildung) nähen.

Grösse
38/39

Material
Mohairgarn (33 % Mohair, 67 % Polyacryl, LL 125 m/50 g), in Weinrot und Pink, je 50 g
Stricknadeln 5,0 mm
Häkelnadel 4,5 mm
8 Glasschliffperlen in Violett, irisierend, ø 6 mm,
Nähnadel
passendes Nähgarn

Maschenprobe
Mit Nd 5,0 mm im Patentmuster 17 M und 40 R = 10 cm x 10 cm

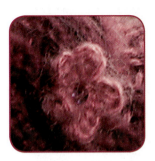

Hut und Kurzschal

einfach zum Schlingen

HUT

Grundmuster

Glatt rechts
In Rd nur rechte M str.

Rippenmuster

2 M rechts, 2 M links im Wechsel str.

Smokmuster

M-Zahl teilbar durch 8.
1.-4. Rd: 1 M links, *2 M rechts, 2 M links, ab * stets wdh, enden mit 1 M links.
5.+6. Rd: 1 M links, *1 U über die rechte Nd legen, 2 M rechts, 2 M links, 2 M rechts, den U über die gestr M ziehen, 2 M links, ab * stets wdh, enden mit 1 M links.
7.-12. Rd: Die M str, wie sie erscheinen.
13. Rd: 1 M links, 2 M rechts, 2 M links, *1 U über die rechte Nd legen, 2 M rechts, 2 M links, 2 M rechts, den U über die gestr M ziehen, 2 M links, ab * stets wdh, am Ende für den letzten überzogenen U die Rd um 3 M nach links versetzen.
14. Rd: *2 M links, 1 U über die rechte Nd legen, 2 M rechts, 2 M links, 2 M rechts, den U über die gestr M ziehen, ab * stets wdh.
15.-20. Rd: Die M str, wie sie erscheinen. Ab 5. Rd wdh.

Anleitung

In Grau meliert 88 M anschl und in Rd glatt rechts str. Nach 4,5 cm-5 cm für den Saumbruch eine Loch-R arbeiten: *2 M rechts zusstr, 1 U, ab * stets wdh. Noch 4,5 cm-5 cm glatt rechts, dann im Smokmuster weiterarbeiten: 1x die 1.-20. Rd, 1x die 5.-7. Rd str (= 23 Rd = 3 Smok-Rd). Nach 23 Rd Smokmuster die M wie folgt zusstr: die linke und 1. rechte M rechts zusstr, die 2. rechte M mit der folgenden linken M

Grösse

Hut
ca. 56 cm

Schal
ca. 20 cm x 115 cm

Material

Hut
— Wollmischgarn (70 % Polyacryl, 30 % Schurwolle, LL 55 m/50 g), in Grau meliert, 150 g
— Nadelspiel 7,0-8,0 mm
— Ripsband, ca. 60 cm lang (Kopfumfang + Nahtzugabe)

Schal
— Wollmischgarn (70 % Polyacryl, 30 % Schurwolle, LL 55 m/50 g), in Grau meliert, 100 g
— Wollmischgarn (70 % Polyacryl, 30 % Schurwolle, LL 55 m/50 g), in Silber, 150 g
— Stricknadeln 7,0-8,0 mm

Schal-Variante

— Wollmischgarn (70 % Polyacryl, 30 % Schurwolle, LL 55 m/50 g), in Silber, 100 g
— Flauschgarn (70 % Polyester, 30 % Polyacryl, LL 50 m/50 g), in Dunkelblau, 150 g
— Stricknadeln 7,0-8,0 mm

Maschenprobe

Hut
Mit Nd 7,0-8,0 mm bei glatt rechts 12 M und 18 R = 10 cm x 10 cm

Mit Nd 7,0-8,0 mm im Smokmuster, gedehnt gemessen 15 M und 18 R = 10 cm x 10 cm

Schal
Mit Nd 7,0-8,0 mm im Rippenmuster 24 M und 18 R = 10 cm x 10 cm

rechts überzogen zusstr (= 44 M, je Nd 11 M). Für
die Abnahmen in jeder 2. Rd auf jeder Nd die
ersten 2 M rechts überzogen zusstr, die letzten 2 M
rechts zusstr. Wenn sich auf jeder Nd noch 3 M
befinden, diese in der folgenden Rd rechts überzogen zusstr: 2 M zus wie zum Rechts-
str abheben, die folgende M rechts str und die
abgehobenen M über die gestrickte M ziehen. Die
letzten 4 M auf einen Faden zuziehen und vernähen. Den Saum nach links einschlagen und annähen. Das Ripsband auf Kopfweite zur Rd schließen
und von links ebenfalls annähen.

SCHAL

Rippenmuster

2 M rechts, 2 M links im Wechsel str.

Anleitung

48 M in Grau meliert anschl und im Rippenmuster
str, dabei mit der Rückr beginnen und die M wie
folgt aufteilen: Rdm, 2 M links, 2 M rechts im
Wechsel str, enden mit 2 M links, Rdm. Nach
25 cm Gesamtlänge 2 Schlitze arbeiten: Über je
16 M alle 3 Teile ca. 5 cm getrennt str, dann wieder über alle 48 M weiterarbeiten. Nach ca. 45 cm
in Silber noch 70 cm str. Die M abk wie sie
erscheinen.

VARIANTE: Für die Variante den Schal in Silber
beginnen, nach ca. 45 cm in Dunkelblau noch
70 cm str = ca. 115 cm.

Plüschkragen

zum Reinkuscheln

Glatt rechts

In Runden jede Rd rechts str.

Anleitung

Mit Nd 10,0 mm 60 M anschl und
glatt rechts in Rd str.
Für die Schrägungen in 8 cm Höhe 6x
jede 10. M markieren und diese M mit
der davorliegenden M rechts zusstr =
54 M. Diese Abnahmen in jeder 6. Rd
noch 2x wdh = 42 M.
In ca. 32 cm Höhe alle M locker abk.

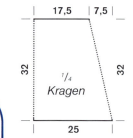

Größe

passend für alle
Größen

Material

Polyamidgarn
(100 % Polyamid,
LL ca. 50 m/50 g),
in Sand-Blautönen
meliert, 100 g

Rundstricknadel
10,0 mm, 60 cm
lang

Maschenprobe

Mit Nd 10,0 mm
bei glatt rechts
6 M und 12 Rd =
10 cm x 10 cm

Baskenmütze & Schal

trendig in Schwarz/Weiß

MÜTZE

Grundmuster
Glatt rechts
In Runden jede Rd rechts str.

Anleitung
8 M in Grau-Weiß meliert anschl und mit 2 Nd vom Ndspiel 3,5 mm eine Strickkordel arbeiten. Nach ca. 55 cm die M abk und zur Rd schließen. Für das Mützenteil aus dieser Strickkordel mit Nd 4,5-5,0 mm in Weiß doppelfädig 72 M mit Nd 4,5-5,0 mm auffassen (je Nd 18 M) und in Rd glatt rechts str. Für die Zunahmen 8x jede 9. M mit einem farbigen Faden kennzeichnen. In jeder 3. Rd vor den gekennzeichneten M 4x 1 M zunehmen (96 M). Nach 14 Rd in Schwarz weiterarbeiten, dabei 1 Rd rechte M, 1 Rd linke M (= Bruchkante), dann glatt rechts weiterarbeiten. Für die Abnahmen 8x jede 12. M wiederum kennzeichnen und in der 4. Rd ab Bruchkante die gekennzeichnete M mit der vorhergehenden M rechts zusstr (= 88 M). Diese Abnahmen noch 3x in jeder 4. Rd, 4x in jeder 3. Rd und 3x in jeder 2. Rd

arbeiten. Die restlichen 8 M auf einem Faden zuziehen und vernähen. Für die Schleife in Grau-Weiß meliert mit Nd 3,5 mm 4 M anschl und eine 60 cm lange Strickkordel arbeiten. Die Kordel zur Schleife binden und auf die Mitte nähen.

SCHAL

Grundmuster
Kraus rechts
In Hin- und Rückr rechte M str.

Anleitung
60 M in Grau-Weiß meliert 1-fädig anschl und 5 cm kraus rechts mit Nd 3,5 mm str. In Weiß doppelfädig mit Nd 4,5-5,0 mm weiterarbeiten, dabei in der 1. R 30x 2 M rechts zusstr. Über die verbleibenden 30 M je 20 cm (ca. 56 R) in Weiß und Schwarz im Wechsel str. Nach neun Farbquadraten als Abschluss noch 5 cm in Grau-Weiß meliert mit Nd 3,5 mm str, dabei in der 1. R aus jeder M 2 M herausstr = 60 M. Nach 5 cm die M locker abk .

Grösse

Mütze
ca. 56 cm

Schal
20 cm x 190 cm

Material
Mütze
– Mischgarn (15 % Polyamid, 85 % Polyacryl, LL 135 m/50 g), in Weiß und Schwarz, je 50 g
– Microfasergarn (100 % Polyacryl, LL 200 m/50 g), in Grau-Weiß meliert, 50 g
– Nadelspiel 4,5-5,0 mm
– 2 Nd von Nadelspiel 3,5 mm

Schal
– Mischgarn (15 % Polyamid, 85 % Polyacryl, LL 135 m/50 g), in Weiß und Schwarz, je 200 g
– Microfasergarn (100 % Polyacryl, LL 200 m/50 g), in Grau-Weiß meliert, 50 g
– Stricknadeln 4,5-5,0 mm und 3,5 mm

Maschenprobe
Mit Nd 4,5-5,0 mm bei glatt rechts 14 M und 24 R = 10 cm x 10 cm, bei kraus rechts 14 M und 28 R = 10 cm x 10 cm

Poncho mit Karomuster

raffiniertes Farbenspiel

Grundmuster

Nach der Strickschrift in R arbeiten.
Die 1.-12. R stets wdh.

Rippenmuster

2 M rechts, 2 M links im Wechsel in
Rd str.

Häkelfransen

*2 fM in die M der Vor-R; für die
lange Franse 16 Lm, wenden, die
1. Lm übergehen und in die restlichen 15 Lm jeweils 1 Km häkeln;
2 fM in die M der Vor-R; für die kurze
Franse 11 Lm, wenden, die 1. Lm
übergehen und in die restlichen
10 Lm jeweils 1 Km häkeln und ab *
stets wdh. Die Rd mit 1 Km in die
1. fM beenden.

Anleitung

Es werden 2 gleich große Teile gestrickt. Für das 1. Teil die Farben
wie folgt einteilen: Fb A = Anthrazit,
Fb B = Grau meliert. 61 M in Grau
meliert anschl, die Anschlag-R zählt
als 1. R der Strickschrift, das bedeu-
tet, die folgende Rückr laut 2. R der
Strickschrift arbeiten, Mascheneinteilung wie folgt: Rdm, 6x Rapport à
9 M, 5 M laut Strickschrift, Rdm.
1.-12. R insgesamt 11x wdh, nach
132 R, noch einmal die 1.-5. R str, in
der folgenden Rückr alle M abk. Das
2. Teil ebenso anfertigen, allerdings
die Farben tauschen: Fb A = Grau
meliert, Fb B = Anthrazit. Beide Teile
laut Abbildung zusnähen. Aus dem
Halsausschnitt 64 M in Anthrazit
auffassen und auf das Ndspiel verteilen, dann in Rd im Rippenmuster
weiterarbeiten, nach 24 cm alle M
abk und den Rollkragen zur Hälfte
nach außen umschlagen. Die
unteren Ponchokanten mit 1 Rd fM
und 1 Rd Häkelfransen in Anthrazit
umhäkeln.

Grösse
38/39

Material

— Wollmischgarn
(70 % Polyacryl,
30 % Schurwolle,
LL 55 m/50 g),
in Anthrazit, 450 g

— Wollmischgarn
(70 % Polyacryl,
30 % Schurwolle,
LL 55 m/50 g), in
Grau meliert, 250 g

— Rundstricknadel
7,0-8,0 mm

— Nadelspiel
7,0-8,0 mm

— Häkelnd 7,0-8,0 mm

Maschenprobe

Mit Nd 7,0-8,0 mm
im Grundmuster
13 M und 21 R=
10 cm x 10 cm

□ = Fb A, glatt rechts, in Hinr rechts str,
in Rückr links str

◺ = 1 M links abheben, in Hinr den Faden
hinter der M weiterführen, in Rückr
den Faden vor der M weiterführen

◿ = 1 M links abheben und die U der Vor-R
fallen lassen, Faden liegt hinter der M

▤ = Fb B, kraus rechts, 1 M rechts in Hin-
und Rückr

◉ = Fb B, in Hinr 2 U, dann die folgende M
rechts str

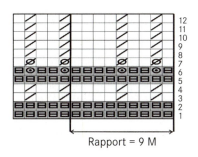

Rapport = 9 M

Mütze mit Blüte

edel in Naturtönen

Rippenmuster

1 M rechts, 3 M links im Wechsel str.

Glatt rechts

In Hinr rechte M, in Rückr linke M str, in Runden jede Rd rechts str.

Glatt links

In Runden jede Rd links str.

Kraus rechts

In Runden 1 Rd rechte M und 1 Rd linke M im Wechsel str.

Anleitung

Mit dem Ndspiel 7,0 mm und dem Fransengarn 63 M mit Kreuzanschlag anschl und in Rd 6 cm glatt rechts str. Weiter mit Volumengarn 5 Rd kraus rechts str.

Dann vom Rd-Wechsel aus 15 M glatt links, die folgende M glatt rechts und alle übrigen M glatt links arbeiten. Nach insgesamt 10 Rd mit Volumengarn über der glatt rechten M und den folgenden 5 M eine Blüte arbeiten. Dafür 8 Rd str und 3x 2 M markieren = die 2 M vor der glatt rechten M, die glatt rechte M und die folgende M und die 2 nächsten M. Nun die Blüte wie folgt str:

1. Rd: Für die unteren 3 „Blütenblätter" aus den ersten 2 markierten M mit den 2 Nd des Nadelspiels zunächst je 1 M rechts und 1 M rechts verschränkt str = 4 M und über diese 4 M 12 R glatt rechts str, dann die 4 M auf die Rundstricknd heben.

Über die übrigen 2x 2 Blüten-M ebenso str.

2. Rd: Über den je 12 Blüten-M 6x 2 M rechts zusstr, die übrigen M links str.

3. Rd: Die 6 Blüten-M verkreuzen: 3 M mit einer Hilfsnd vor die Arbeit legen, 3 M rechts, dann die M der Hilfsnd rechts str, die übrigen M links str.

4. Rd: Die M str, wie sie erscheinen.

5. bis 7. R: Die oberen 3 „Blütenblätter" wie in der 1. bis 3. Rd str.

8. Rd: Die 6 Blüten-M verkreuzen: 3 M mit einer Hilfsnd hinter die Arbeit legen, 2 M links und 1 M rechts, dann die M der Hilfsnd links str, die übrigen M links str.

Danach über alle M glatt links weiterarbeiten. Zugleich für die Abnahmen in der 2. Rd der Blüte über den linken M verteilt 7x 2 M links zusstr. Diese Abnahmen in jeder 2. Rd noch 6x wdh = 14 M.

In der folgenden 3. Rd 7x 2 M links zusstr = 7 M. Über diese M mit dem Nadelspiel 4,5 mm noch 8 cm glatt links str, dann die M mit dem Arbeitsfaden fest zuziehen.

In die Mützenspitze einige Fransen von ca. 5 cm Länge knüpfen. Die Mützenspitze mit Füllwatte verstärken. In die Blütenmitte eine Noppe mit Fransengarn häkeln. Dafür mit der Häkelnd in die M einstechen und den Faden durchholen. 2 Lm, dann 5 halb abgemaschte Stb in die Schlinge häkeln, danach alle 6 M zus abmaschen.

Grösse

Kopfumfang
ca. 56 cm

Material

- Volumengarn (70 % Polyacryl, 30 % Schurwolle, LL ca. 55 m/50 g), in Sand, 100 g
- Fransengarn (75 % Schurwolle, 25 % Polyamid, LL 210 m/50 g), in Beige, Rest
- Rundstricknadel 4,5 mm
- Nadelspiel 7,0 mm und 4,5 mm
- Häkelnadel 6,0 mm
- Füllwatte

Maschenprobe

Mit Nd 7,0 mm mit Volumgarn bei glatt links 13 M und 16 Rd = 10 cm x 10 cm, mit Fransengarn bei glatt rechts 12 M und 17 R = 10 cm x 10 cm

Noppenkragen

effektvoll

Noppenmuster

Nach Strickschrift str.
1. R (Rückr): Alle M links str.
2. R: Rdm, 1 M rechts, *1 Noppe,
1 M rechts, ab *stets wdh, enden
mit 1 M rechts, Rdm.
3. R (Rückr): Alle M links str.
4. R: Rdm, 2 M rechts, *1 Noppe,
1 M rechts, ab * stets wdh, enden
mit 2 M rechts, Rdm.
Die 1.-4. R stets wdh.

Noppe

Aus 1 M 7 M herausstr = 1 M rechts,
1 M links, im Wechsel aus der Grund-
M herausstr, bis 7 Noppen-M auf der
Nd liegen.
Die Arbeit wenden und die 2. R der
Noppe = Rückr links str. Weiter nach
der Strickschrift links arbeiten, so
dass nur die 7 Noppen-M gestrickt
werden.
Die 5. R = Hinr rechte M nicht zu fest
str. Das Zusammenstr der linken M
in der nächsten R geht dann leichter.

Anleitung

Der Kragen wird quer gestrickt und
an einer Längsseite begonnen. Für
ca. 42 cm Länge 35 M mit Nd
8,0 mm anschl und im Noppenmuster str.
In ca. 14 cm Höhe, nach 14 R = 7
Noppen-R alle M locker abk.
An einer schmalen Kante einen Ver-
schluss anbringen. Dafür mit der
Häkelnd das Garn jeweils an einer
Ecke anschlingen, 6-7 Lm häkeln und
ca. 1 Noppe hoch in den Rdm befestigen.
Zum Schließen des Kragens die 2
gegenüberliegenden Noppen durch
diese Schlingen ziehen.

TIPP: Testen Sie, wie große Ihre
Luftmaschenkette sein soll damit der
Schal dann später auch hält.

Grösse

ca. 42 cm lang

Material

Wollmischgarn
(81 % Polyacryl,
19 % Wolle,
LL ca. 60 m/50 g),
in Beige meliert,
100 g

Stricknadeln
8,0 mm

Häkelnadel 6,0 mm

Maschenprobe

Mit Nd 8,0 mm
im Noppenmuster
8 M und 10 R =
10 cm x 10 cm

Strickschrift

Zeichenerklärung

⬤ = 1 Randm

☐ = in Hinr 1 rechte M, in Rückr 1 linke M.

⊟ = in Hinr 1 linke M, in Rückr 1 rechte M.

7 = 7 M aus 1 M herausstricken

◹ = 2 M links zusammenstricken

△ = 3 M links zusammenstricken

▲ = 3 M rechts zusammenstricken

N = 1 Noppe

Mütze zum Verlieben

nie mehr kalte Ohren

Grundmuster

Glatt rechts

In Hinr rechte M, in Rückr linke M str, in Runden jede Rd rechts str.

Anleitung

Obermütze

132 M mit der bunten Sockenwolle auf dem Ndspiel 3,5-4,0 mm anschl und mit der bunten und blauen Sockenwolle nach dem Zählmuster das obere Mützenteil arbeiten = 6x den Musterrapport. Nach dem Zählmuster arbeiten, die Abnahmen sind eingezeichnet, am Rd-Anfang für die 1. Abnahme die letzte M der 4. Nd auf die 1. Nd heben. Nach 52 Rd die restlichen 12 M auf einen Faden zusziehen und vernähen.

Für das hintere Mützenteil über 4 Rapporte aus der Anschlagkante 91 M mit der bunten Sockenwolle auffassen (= Rdm, 4x 22 M vom Rapport, 1 M nach dem Rapport, Rdm) und 1x die 1.-8. R vom Rapport arbeiten, dann die mittleren 41 M abk und beide Ohrenklappen über je 25 M weiter nach dem Zählmuster arbeiten (Rdm, 1x den Rapport, 1 M nach dem Rapport, Rdm). Nach 42 R die M abk.

Untermütze

54 M mit dem Polyamidgarn auf Nd 7,0-8,0 mm anschl und in Rd glatt rechts str. Für die Abnahmen nach 15 Rd 6x jede 9. M mit einem farbigen Faden kennzeichnen. In der 16., 20., 22. und 24. Rd über den gekennzeichneten M stets 3 M rechts überzogen zusstr, dann die restlichen 6 M auf einen Faden zuziehen und vernähen. Für das hintere Mützenteil 40 M auffassen und 5 R str, dann die mittleren 16 M abk und die Ohrenklappen über je 12 M getrennt beenden. Die Ohrenklappen sollten ca. 1,5 cm länger sein als die der Obermütze.

Fertigstellung

Untermütze (linke Seite sichtbar) und Obermütze mit der Sockenwolle in Blau zusnähen.

Kopfumfang

ca. 56 cm

Material

- Polyamidgarn (100 % Polyamid, LL 25 m/50 g), in Blau meliert, 75 g
- Sockenwolle 6-fädig (75 % Schurwolle, 25 % Polyamid, LL 125 m/50 g), in Bunt und Blau, je 50 g
- Nadelspiel 7,0-8,0 mm und 3,5-4,0 mm

Maschenprobe

Mit Nd 7,0-8,0 mm bei glatt rechts mit Polyamidgarn 9 M und 13 R = 10 cm x 10 cm

Mit Nd 3,5-4,0 mm bei glatt rechts mit Sockenwolle 22 M und 28 R = 10 cm x 10 cm

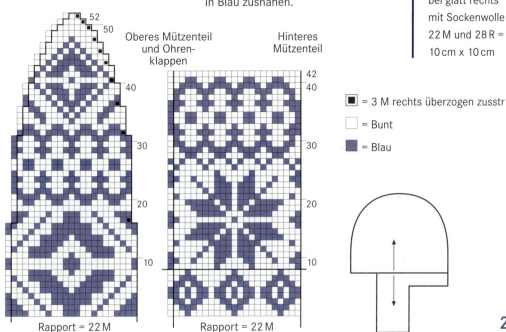

Oberes Mützenteil und Ohren-klappen

Hinteres Mützenteil

Rapport = 22 M

Rapport = 22 M

■ = 3 M rechts überzogen zusstr

☐ = Bunt

■ = Blau

27

Breiter Schal

extra groß und flauschig

Patentmuster

Ungerade M-Zahl.

1. R (Rückr): Rdm, *1 M rechts, 1 M mit U links abheben, ab * wdh, 1 M rechts, Rdm.

2. R: Rdm, *1 M mit U links abheben, die folgenden M mit dem U rechts zusstr, ab * wdh, 1 M mit 1 U links abheben, Rdm.

3. R: Rdm, *die M mit dem U rechts zusstr, 1 M mit 1 U links abheben, ab * wdh, die M mit dem U rechts zusstr, Rdm.

Nach der 1. R die 2. und 3. R stets wdh.

Anleitung

Mit Nd 3,0-4,0 mm 69 M anschl und im Patentmuster str. In 220 cm Höhe alle M abk.

Für die Fransen ca. 25 cm lange Fäden schneiden und an jedes Schalende verteilt mit der Häkelnd je 12 Fadenbündel von je 12 Fäden einknüpfen.

Grösse

32 cm x 220 cm

Material

- Sockengarn 6-fädig (75 % Schurwolle, 25 % Polyamid, LL 125 m / 50 g), in Rot-Blau-Weiß geringelt, 500 g
- Stricknadeln 3,0–4,0 mm
- Häkelnadel 3,0 mm

Maschenprobe

Mit Nd 3,0–4,0 mm im Patentmuster 21 M und 50 R = 10 cm x 10 cm

Mütze und Schal

mollig warm

Glatt rechts

In Runden jede Rd rechts str.

Kraus rechts

In Reihen jede R rechts str.

Diagonalmuster

Kraus rechts str, dabei die Schrägung wie folgt arbeiten:

5. R (Hinr): Rdm, dann 1 M rechts verschränkt aus dem Querfaden str, bis 3 M vor R-Ende str, dann 2 M rechts zusstr, Rdm.

10. R (Rückr): Rdm, 2 M rechts zusstr, bis vor die Rdm am R-Ende str und 1 M rechts verschränkt aus dem Querfaden str.

Diese 10 R stets wdh.

TIPP: Da Zu- und Abnahmen abwechselnd in Hin- und Rückr gearbeitet werden, die Seiten mit den Zunahmen markieren und darauf achten, dass diese immer an derselben Seite gestrickt werden.

Streifenfolge

Je 5 R in Dunkelgrün melliert, Gelb, Aubergine, Beige, Petrol, Weinrot und Mint str = 35 R. Diese 35 R stets wdh.

Mütze

Für eine Mütze mit ca. 55 cm Kopfumfang zunächst den unteren Teil der Mütze quer in R str. Dafür 36 M mit Nd 7,0–8,0 mm in Dunkelgrün melliert anschl und im Diagonalmuster 3x die Streifenfolge str = 105 R (ca. 50 cm hoch). Die M der letzten R nicht abk, sondern mit Maschenstichen auf den Anschlagrand nähen.

Für den Zipfel aus einem Rand 52 M in Beige auf das Ndspiel verteilt auffassen und glatt rechts str. Nach 5 cm ab dem Auffassen bei jeder Nd am Beginn die beiden ersten M rechts zusstr, bis 3 M vor Nd-Ende str, dann 2 M rechts überzogen zusstr (1 M rechts abheben, 1 M rechts str und die abgehobene M überziehen) = 44 M. Diese Abnahmen noch 4x in jeder 8. Rd wdh = 12 M. In der folgenden Rd 6x 2 M rechts zusstr und die restlichen 6 M mit dem Arbeitsfaden zuziehen.

An den Mützenzipfel einen Zopf arbeiten. Dafür aus allen Farben insgesamt 15 ca. 60 cm lange Fäden mittig zuslegen und die Schlaufe durch den Mützenzipfel ziehen, die losen Enden durch die Schlaufe ziehen und festziehen. Einen ca. 18 cm langen Zopf flechten, dann das Ende fest verknoten und die Fäden auf ca. 3 cm Länge schneiden. Den Mützenrand ca. 8 cm breit umschlagen.

Schal

Für einen Schal mit ca. 26 cm Breite mit Nd 7,0–8,0 mm 36 M in Dunkelgrün melliert anschl und im Diagonalmuster in der Streifenfolge str, dabei nach jedem Farbstreifen den Faden mit ca. 8 cm Länge abschneiden und hängen lassen. In ca. 230 cm Länge, nach einem Streifen in Beige, alle M abk.

An die Längsseiten in die Farbübergänge Fransen knüpfen. Dafür jeweils 2 farblich passende ca. 15 cm lange Fäden zuslegen und einknüpfen, dabei die Strickfäden mit in die Fransen knüpfen. Die Fransen auf ca. 6 cm Länge schneiden.

Grösse

Mütze
Kopfumfang
ca. 55 cm

Schal
ca. 26 cm breit, ca. 230 cm lang

Material

- Wollmischgarn (70 % Polyacryl, 30 % Schurwolle superwash, LL 55 m/50 g), in Beige, 150 g, und in Mint, Gelb, Weinrot, Petrol, Dunkelgrün melliert und Aubergine, je 100 g
- Stricknadeln 7,0–8,0 mm
- Nadelspiel 7,0–8,0 mm
- Häkelnadel 7,0–8,0 mm

Maschenprobe

Mit Nd 7,0–8,0 mm bei kraus rechts 12 M und 24 R = 10 cm x 10 cm, bei glatt rechts 12 M und 18 Rd = 10 cm x 10 cm

Schulterwärmer im Ajourmuster

Luftikus zum Verwöhnen

Ajourmuster

M-Zahl teilbar durch 10 M + 9 M extra + 2 Rdm. Nach der Strickschrift str, dabei mit der Rdm vor dem Rapport beginnen, den Rapport stets wdh, enden mit den M nach dem Rapport.

In den Rückr die M str, wie sie erscheinen, die U links str. Die 1.–24. R stets wdh, zuletzt die 25. und 26. R str.

ZEICHENERKLÄRUNG

R = 1 Rdm

☐ = 1 M rechts

– = 1 M links

○ = 1 U

⟰ = 3 M rechts überzogen zusstr (= 1 M wie zum Rechtsstr abheben, 2 M rechts zusstr und die abgehobene M darüberziehen

◣ = 2 M rechts verschränkt zusstr

◢ = 2 M rechts zusstr

◿ = 2 M links zusstr

Schulterwärmer

Für die 1. Hälfte 51 M mit Ndspiel 5,0 mm anschl und in einer Rückr rechte M str. Dann gemäß Strickschrift weiterstr, dabei den Rapport 4x ausführen. Die 1.–24. R 8x ausführen, dann die 25. und 26. R str, dabei in der letzten R alle M abk. Die 2. Hälfte genauso str. Die beiden Hälften am Abkettrand zusnähen. Danach das Strickteil an den Längskanten links auf links legen und für die Ärmel beidseitig eine Naht von 52 cm schließen. Am Schulterteil die Kanten mit 4 Rd fM behäkeln.

Grösse
36/40

Material
- Mohairgarn (35 % Polyamid, 35 % Polyacryl, 30 % Kid Mohair; LL 300 m/50g), in Moos, 100 g
- Stricknadeln 5,0 mm
- Häkelnadel 3,5 mm

Maschenprobe
Mit Nd 5,0 mm im Ajourmuster 17 M und 24 R = 10 cm x 10 cm

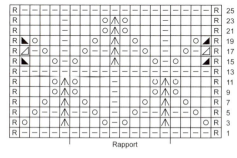

Rapport

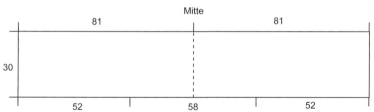

Mitte

81   81

30

52   58   52

Mütze und langer Schal

flott geringelt

Glatt rechts

Hinr rechte, Rückr linke M str, in Runden jede Rd rechts str.

Rippenmuster

2 M rechts, 2 M links im Wechsel str.

Anleitung
Schal

Mit Nd 3,0-4,0 mm 100 M für eine Breite von ca. 26 cm anschl und im Rippenmuster str. In 160 cm Höhe alle M abk.
Für die Fransen ca. 22 cm lange Fäden schneiden. An jedes Schalende jeweils 5 Fäden im Abstand von je ca. 4 M einknüpfen. Dafür die Fransen zur Hälfte zuslegen, mit der Häkelnd durch eine Anschlag- bzw. Abkettmasche ziehen, die Fransenenden durch die Schlinge holen und fest anziehen.

Baskenmütze

Für ca. 52-54 cm Kopfumfang mit dem Ndspiel 120 M anschl und für den Saum 6 Rd rechte M, 1 Rd linke M und 6 Rd rechte M str. Weiter 2 Rd rechts str.
In der 3. Rd 10x jede 12. M markieren und vor jeder markierten M je 1 M rechts verschränkt aus dem Querfaden zunehmen = 130 M.
Diese Zunahmen an den gleichen Stellen in jeder 4. Rd noch 4x wdh = 170 M. 15 Rd gerade hochstr.
In der folgenden Rd 10x jede 17. M markieren und die markierte M mit der davorliegenden M rechts zusstr. Diese Abnahmen nach weiterer 4 Rd 1x und in jeder 2. Rd noch 14x wdh = 10 M. In der folgenden Rd 4x 2 M rechts zusstr und über die restlichen 6 M noch 3 cm gerade hoch str, dann die M mit dem Arbeitsfaden fest zuziehen.
Den Saum nach innen umnähen, dabei das Gummiband einziehen.

Grösse

Schal
26 cm breit,
160 cm lang

Mütze
Kopfumfang
ca. 52-54 cm

Material
Schal
- Sockengarn 6-fädig
  (75 % Schurwolle,
  25 % Polyamid,
  LL 125 m/50 g),
  in Erdfarben meliert,
  400 g
- Stricknadeln
  3,0-4,0 mm
- Häkelnadel 3,0 mm

Baskenmütze
- Sockengarn 6-fädig
  (75 % Schurwolle,
  25 % Polyamid,
  LL 125 m/50 g),
  in Erdfarben meliert,
  100 g
- Nadelspiel
  3,0-4,0 mm
- Gummiband, 2 cm
  breit

Maschenprobe

Mit Nd 3,0-4,0 mm bei glatt rechts
22 M und 30 R = 10 cm x 10 cm,
im Rippenmuster ungedehnt gemessen
38 M und 30 R = 10 cm x 10 cm.

Mütze mit dicken Balken

ganz klassisch

Rippenmuster

2 M rechts, 2 M links im Wechsel str.

Anleitung

Mit Nd 7,0-8,0 mm 60 M anschl und
im Rippenmuster 27 Rd in Petrol und
12 Rd in Weinrot str.
Weiter in Mint str, dabei in der 2. Rd
jeweils die beiden linken M links
zusstr = 45 M und 2 M rechts, 1 M
links im Wechsel weiterstr.
In der folgenden 8. Rd 15x jede 2.
rechte M mit der folgenden linken M
rechts überzogen zusstr (1 M rechts
abheben, 1 M rechts str und die
abgehobene M überziehen) = 30 M.
Weiter noch 10 Rd rechte M str. In
der folgenden Rd 10x 3 M rechts
überzogen zusstr. Die restlichen
10 M mit doppeltem Faden zusziehen und die Fäden vernähen.
Den Mützenrand ca. 7 cm breit nach
außen umschlagen.

Grösse

Kopfumfang
ca. 52-56 cm
Höhe ca. 33 cm

Material

Wollmischgarn
(70 % Polyacryl,
30 % Schurwolle,
LL 55 m/50 g), in
Petrol, Weinrot und
Mint, je 50 g

Nadelspiel
7,0-8,0 mm

Maschenprobe

Mit Nd 7,0-8,0 mm
im Rippenmuster
gedehnt gemessen
12 M und 18 Rd =
10 cm x 10 cm

Ohrenklappenmütze und Schal

mit Pompons

Rippenmuster
1 M rechts, 1 M links im Wechsel str.

Glatt rechts
In Hinr rechte M, in Rückr linke M str, in Runden jede Rd rechts str.

Kraus rechts
In Hin- und Rückr rechte M str, in Runden 1 Rd rechts, 1 Rd links im Wechsel str.

Schal
71 M mit doppeltem Faden aus Dunkelrot und Grünblau anschl und im Rippenmuster wie folgt str: *30 cm in Dunkelrot/Grünblau, 5 cm mit doppeltem Faden in Dunkelrot, 5 cm mit doppeltem Faden in Grünblau, ab * 2x wdh und 30 cm in Dunkelrot/Grünblau str (= 150 cm insgesamt). Danach alle M abk wie sie erscheinen.

Fertigstellen
4 Pompons von ø 5 cm in Grünblau/Dunkelrot anfertigen und je 1 Pompon an den Ecken des Schals befestigen.

Ohrenklappenmütze
Für die 1. Ohrenklappe 5 M mit doppeltem Faden in Dunkelrot und Grünblau mit Ndspiel 6,0 mm anschl und eine Strickkordel von 20 cm Länge str. Danach in R glatt rechts weiterstr, dabei mit einer Rückr beginnen. Für die Zunahmen 5x in jeder 2. R und 1x in der folgenden

4. R beidseitig je 1 M aus dem Querfaden zunehmen = 17 M. Nach 8 cm ab Strickkordel die M stilllegen. Die 2. Ohrenklappe genauso str. Nun für die Mütze mit doppeltem Faden in Grünblau weiterarbeiten. Hierfür zuerst die M der 1. Ohrenklappe rechts abstr, 19 M neu anschl, die M der 2. Ohrenklappe rechts abstr, 19 M neu anschl = 72 M insgesamt. Die M zur Rd schließen und kraus rechts str, dabei mit 1 Rd linken M beginnen. Nach 5 cm ab Ohrenklappen noch 5 cm in Dunkelrot arbeiten und dann in Grünblau/Dunkelrot glatt rechts weiterstr. Nach 12 cm ab Ohrenklappen die Abnahmen wie folgt str: In der folgenden und weiter 3x in jeder 2. Rd gleichmäßig verteilt 8x je 2 M zusstr = 40 M. Danach 1x in der folgenden 2. Rd und 2x in jeder Rd gleichmäßig verteilt 10 cm x je 2 M zusstr = 10 M. Die restlichen M mit dem Arbeitsfaden zuziehen.

Fertigstellen
Den unteren Mützenrand und die Ränder der Ohrenklappen zushängend mit fM in Grünblau umhäkeln, dabei rechts und links der Ohrenklappen je 2 fM in eine Einstichstelle häkeln und die Strickkordel mit 1 Lm übergehen. 3 Pompons mit ca. ø 5 cm in Grünblau/Dunkelrot anfertigen und je 1 Pompon an den Strickkordeln und mittig auf der Mütze annähen.

Grösse

Schal
40 cm x 150 cm

Mütze
Kopfumfang
50 cm–54 cm

Material
Schurwollgarn (100 % Schurwolle, LL 130 m/50 g), in Dunkelrot und Grünblau, je 350 g
- Nadelspiel 6,0 mm
- Häkelnadel 6,0 mm
- Wollnadel
- feste Pappe oder Pomponset

Maschenprobe
Mit Nd 6,0 mm mit doppeltem Faden im Rippenmuster 18 M und 20 R = 10 cm x 10 cm

ACHTUNG: Das Schurwollgarn stets mit doppeltem Faden verstricken!

Beinstulpen

lustig im Ringellook

Glatt rechts

In Hinr rechte M, in Rückr linke M str, in Runden jede Rd rechts str.

Rippenmuster

3 M rechts, 3 M links im Wechsel str.

Anleitung

Mit Nd 3,0-4,0 mm 72 M anschl = 18 M je Nd. Der Rd-Wechsel zwischen der 4. und 1. Nd liegt auf dem Vorderfuß.

Im Rippenmuster str, mit 2 M rechts beginnen und mit 1 M rechts enden. In der 4. Rd bei der 1. Nd 1 M rechts str, dann 1 M rechts abheben, 1 M rechts str und die abgehobene M überziehen; bis 1 M vor Ende der 2. Nd str, dann (vor der mittleren glatt rechten Rippe) 1 M rechts verschränkt aus dem Querfaden zunehmen; von der 3. Nd 2 M str, dann 1 M rechts verschränkt aus dem Querfa-den str; bis 2 M vor Ende der 4. Nd str, dann 2 M rechts zusstr. Die M-Zahl bleibt gleich, die M verschieben sich jedoch, deshalb von Zeit zu Zeit einige M der 1. und 4. Nd entsprechend auf die 2. und 3. Nd heben. Dann 1 Rd ohne Zu- und Abnahmen arbeiten.

Diese 2 Rd stets wdh; bei den Zunahmen jedoch immer im Wechsel je 3 M rechts verschränkt, dann 3 M links verschränkt aus dem Querfaden zunehmen. In 8 cm Höhe, in einer Rd ohne Zu- und Abnahmen, für den Absatzschlitz die letzten 11 M der 2. Nd und die ersten 12 M der 3. Nd = 23 M abk. Die folgende Rd ebenfalls ohne Zu- und Abnahmen arbeiten und die 23 M wieder neu anschl. Weiter mit Zu- und Abnahmen wie bisher str. In 42 cm Gesamthöhe alle M abk.

Die 2. Stulpe ebenso str.

Grösse

ca. 42 cm lang

Material

Sockengarn 6-fädig (75 % Schurwolle, 25 % Polyamid, LL 125 m/50 g), in Erdfarben geringelt, 150 g

Nadelspiel 3,0–4,0 mm

Maschenprobe

Mit Nd 3,0-4,0 mm im Rippenmuster 28 M und 30 R = 10 cm x 10 cm

Câche-Cœur im Ajourmuster

schön schief gewickelt

Kraus rechts

In Hin- und Rückr rechte M str.

Ajourmuster

M-Zahl teilbar durch 7 M + 2 M extra + 2 Rdm

ACHTUNG: Die Maschenzahl ändert sich.

In den Hinr nach der Strickschrift str. In den Rückr die M str, wie sie erscheinen, die U links str, jedoch am Beginn der R die 1. M nach der Rdm und am Ende der R die letzte M vor Rdm kraus rechts str. Die 1.–12. R stets wdh.

Câche-Cœur

46 M mit Nd 5,5 mm anschl und in einer Rückr rechte M str. Dann im Ajourmuster weiterstr. Den Rapport 6x ausführen. Nach 164 (175) cm alle M abk.

Das Strickteil mit der Rückseite (= Innenseite des Strickstückes) nach oben so legen, dass eine Schmalseite in der rückwärtigen Mitte liegt. Dann das Strickteil nach der Schemazeichnung so falten, dass die Schmalseiten in der rückwärtigen Mitte aufeinandertreffen. Die Schmalseiten zusnähen. Zuletzt auf der Rückseite die parallel liegenden Längskanten von Rücken und Taille mittig ca. 22 cm breit zunähen.

Grösse
36/38 (40/42), ca. 30 cm breit

Material
Microfasergarn (100 % Polyacryl, LL 150 m/50 g), in Rot, 200 g
Stricknadeln 5,5 mm
Hilfsnadel

Maschenprobe
Mit Nd 5,5 mm im Ajourmuster 14 M und 22 R = 10 cm x 10 cm

HINWEIS: Die Angaben für Größe 40/42 stehen in Klammern. Ist nur eine Angabe gemacht, so gilt diese für beide Größen.

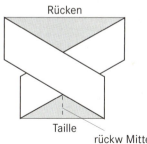

Rapport

ZEICHENERKLÄRUNG

☐ = 1 M rechts

⊟ = 1 M links

Ⓞ = 1 U

Ⓡ = 1 Rdm

■ = ohne Bedeutung, dient nur der besseren Übersicht

▱ = 3 M auf einer Hilfsnd hinter die Arbeit legen, 3 M rechts zusstr, dann die 3 M der Hilfsnd rechts str

▱ = 3 M auf einer Hilfsnd vor die Arbeit legen, 3 M rechts, dann die 3 M der Hilfsnd rechts verschränkt zusstr

Vorderseite

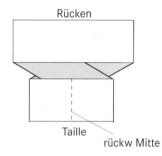

Rücken

Taille

rückw Mitte

Rückseite

Rücken

Taille

rückw Mitte

☐ = Außenseite des Strickstückes

▨ = Innenseite des Strickstückes

Mütze und Fäustlinge

winterfest

Bündchenmuster

2 M rechts, 2 M links im Wechsel str.

Glatt rechts

In Runden jede Rd rechts str.

Grundmuster Mütze

1. Rd: Rechte M mit Fransengarn str.
2.–4. Rd: Linke M mit Fransengarn str.
5. und 6. Rd: Rechte M mit Mischgarn str.
Die 1.–6. Rd stets wdh.

Mütze

Mit Nd 5,0-6,0 mm 64 M mit dem Fransengarn gleichmäßig verteilt auf das Ndspiel anschl und im Grundmuster str.
In der 12. Rd (letzte Rd des 2. Streifens mit Mischgarn) jede 8. M markieren und mit der M davor rechts zusstr = 56 M. Noch 5x in jeder 6. Rd und 1x in der 12. Rd jede markierte M mit der M davor rechts zusstr = 8 M nach der 54. Rd.
Über die restlichen 8 M noch 4 Rd mit Fransengarn str, dann die M mit dem Arbeitsfaden zuziehen und den Faden vernähen.

Fäustlinge

Mit Nd 5,0-6,0 mm 24 M mit dem Mischgarn auf das Ndspiel gleichmäßig verteilt anschl und 18 cm im Bündchenmuster str.

Weiter mit dem Fransengarn glatt rechts str, dabei für den Daumenzwickel in der 1. Rd am Beginn der 1. Nd 1 M rechts verschränkt aus dem Querfaden auffassen = 7 M auf der 1. Nd und 25 M insgesamt. Zum Verbreitern des Zwickels in jeder 3. Rd beidseitig der zugenommenen M 4x je 1 M rechts verschränkt aus dem Querfaden str = 9 Zwickel-M nach der 13. Rd. Noch 2 Rd ohne Zunahmen str, dann die 9 Zwickel-M für den Daumen stilllegen. Weiter über 24 M noch ca. 10 cm (20 Rd) str, dann die Spitze arbeiten. Dafür bei der 1. Nd und bei der 3. Nd die 1. M rechts str, dann 2 M rechts überzogen zusstr (1 M rechts abheben, 1 M rechts str und die abgehobene M überziehen), bei der 2. Nd und bei der 4. Nd bis 3 M vor Ende der Nd str, 2 M rechts zusstr und die letzte M rechts str. Diese Abnahmen noch 3x in jeder 2. Rd wdh.
Die restlichen 8 M mit dem Arbeitsfaden zuziehen und den Faden vernähen. Für den Daumen zu den stillgelegten 9 Zwickel-M 1 M dazu auffassen = 10 M und die M auf 3 Nd verteilen.
Ca. 6,5 cm (14 Rd) glatt rechts str, dann 5x 2 M rechts zusstr. Die restlichen 5 M mit dem Arbeitsfaden zuziehen und den Faden vernähen.
Beide Fäustlinge gleich arbeiten. Die Bündchen zur Hälfte nach außen umschlagen

Grösse

Mütze
Kopfumfang
52-56 cm

Fäustlinge
Handumfang
ca. 20 cm

Handlänge
ca. 21 cm

Material

– Mischgarn (70 % Polyacryl, 30 % Schurwolle, LL ca. 55 m/50 g), in Natur, 100 g

– Fransengarn (75 % Schurwolle, 25 % Polyamid, LL 210 m/50 g), in Natur, 150 g

– Nadelspiel 5,0-6,0 mm

Maschenprobe

Mit Nd 5,0-6,0 mm bei glatt rechts mit Fransengarn 12 M und 20 Rd = 10 cm x 10 cm, im Grundmuster für die Mütze 12 M und 21 Rd = 10 cm x 10 cm

Superschal in XXL

für ganz Eilige

ACHTUNG: Stets mit 6 Fäden stricken! 2 Fäden in Hellbraun meliert und je 1 Faden in Natur, Beige, Hellbraun und Wollweiß.

Halbpatentmuster

In R bei ungerader M-Zahl str.
1. R (= Hinr): Rdm, 1 M mit U wie zum Linksstr abh, * 1 M links, 1 M mit U wie zum Linksstr abh ab * stets wdh, Rdm
2. R (= Rückr): Rdm, die M mit U links str, * 1 M rechts, die M mit U links str, ab * stets wdh, Rdm .
Die 1. und 2. R stets wdh.

Schal

17 M (mit 6 Fäden!) mit Nd 15,0 mm anschl und im Halbpatentmuster str. Nach 170 cm in einer Rückr alle M abk, wie sie erscheinen.

Fertigstellen

In Natur 108 Fäden von je ca. 60 cm Länge schneiden. Je 6 Fäden zus doppelt legen und mit der Häkelnd an den Schmalseiten gleichmäßig verteilt je 9 Fransen einknüpfen.

Grösse
30 cm x 170 cm

Material
- Alpakagarn
  (100 % Alpaka,
  LL 100 m/50 g), in
  Hellbraun meliert,
  200 g, Natur, 150 g,
  Beige, Hellbraun, je
  100 g
- Mohairmischgarn
  (35 % Polyamid,
  35 % Polyacryl,
  30 % Kid Mohair,
  LL 300 m/50 g),
  in Wollweiß, 50 g
- Stricknadeln
  15,0 mm
- Häkelnadel
  7,0 mm

Maschenprobe
Mit Nd 15,0 mm
und 6 Fäden im
Halbpatentmuster
17 M und 10 R =
10 cm x 10 cm

Nie mehr frieren!

Baskenmütze, Handschuhe, Schal

Bündchenmuster

2 M rechts, 2 M links im Wechsel str.

Glatt rechts

In Hinr rechte M, in Rückr linke M str, in Runden jede Rd rechts str.

HANDSCHUHE

Anleitung

32 M mit Ndspiel 3,0-3,5 mm anschl und im Bündchenmuster str. Nach 12 cm Bündchenhöhe die Hand in der in der Tabelle angegebenen Länge arbeiten. Die Innenhand über die M der 1. und 2. Nd, den Handrücken über die M der 3. und 4. Nd str.

Kleiner Finger

Von der 2. und 3. Nd die in der Skizze zum Aufteilen der M (siehe S. 50) angegebenen M auf eine Extra-Nd nehmen. Den Faden hängen lassen und mit einem neuen Knäuel zu den M des kleinen Fingers

Größe	Teenies		
	3	**4**	**5**
Handumfang (cm)	14	15	16
Handlänge (cm)	13	14,5	16
Anschlag (M)	32	32	36
Daumenzwickel: 4x in jeder 3. Rd, dann in jeder 2. Rd beidseitig bis zur Zwickelbreite je 1 M zunehmen, noch 2 Rd str.			
Höhe (Rd)	14	14	16
Zwickelbreite (M)	9	9	11
Anschlag für Daumensteg (M)	3	3	3
Ab Bündchen bis Spitze (cm)	10	12	14
Daumen und Finger			
Daumen (M)	12	12	14
Länge bis Spitze (cm)	3	3,5	4
Mittelhand bis kleiner Finger (cm)	7	8	9
Kleiner Finger (M)	10	10	10
Länge bis Spitze (cm)	3	3,5	4
Ringfinger (M)	11	11	12
Länge bis Spitze (cm)	3,5	4	4,5
Mittelfinger (M)	11	11	12
Länge bis Spitze (cm)	4	4,5	5
Zeigefinger (M)	12	12	14
Länge bis Spitze (cm)	3,5	4	4,5

Grösse

Handschuhe
3

Schal
ca. 18 cm breit und
150 cm lang

Mütze
Kopfumfang ca.
48-52 cm

Material

Handschuhe
— Multicolor-Socken-
garn 6-fädig
(75 % Schurwolle,
25 % Polyamid,
LL 125 m/50 g), in
Lila-Pink-Tönen,
50 g
— Nadelspiel
3,0-3,5 mm

Schal
— Schurwolle (100 %
Schurwolle,
LL 125 m/50 g),
in Pink, 250 g
— Stricknadeln
3,0-4,0 mm
— Häkelnadel
3,0-4,0 mm

Mütze
— Multicolor-Socken-
garn 6-fädig
(LL 125 m/50 g),
in Lila-Pink-Tönen,
100 g
— Nadelspiel
3,0-3,5 mm

Maschenprobe

Handschuhe
Mit Nd 3,0-3,5 mm
Multicolor-Socken-
garn bei glatt rechts
22 M und 30 Rd =
10 cm x 10 cm

Mit Nd 3,0-4,0 mm
Schurwolle
im Vollpatent
22 M und 47 R =
10 cm x 10 cm

Mit Nd 3-3,5 mm
und Multicolor-
Sockengarn
bei glatt rechts
22 M und 30 Rd =
10 cm x 10 cm

die erforderlichen Steg-M anschl. Alle M auf 3 Nd verteilen und bis ca. 0,5 cm vor Fingerende str. Danach die Spitze wie beim Daumen beschrieben arbeiten. Mit dem alten Faden und den restlichen M weiterstr. Aus jeder Steg-M 1 M mit einer Extra-Nd auffassen. Danach mit allen M noch ca. 4 Rd bis zum Beginn des Ringfingers str.

Ringfinger

Für den Steg zwischen Ring- und Mittelfinger die angegebenen Steg-M anschl, die angegebenen M dazunehmen, aus jeder Steg-M zwischen Ring- und kleinem Finger je 1 M auffassen und die angegebenen M dazunehmen. Die M auf 3 Nd verteilen und bis ca. 0,5 cm vor Fingerende str, dann die Spitze arbeiten.

Mittelfinger

Für den Steg zwischen Mittel- und Zeigefinger die angegebenen Steg-M anschl, die angegebenen M dazunehmen, aus jeder Steg-M zwischen Mittel- und Ringfinger je 1 M auffassen und die angegebenen M dazunehmen. Die M auf 3 Nd verteilen und bis ca. 0,5 cm vor Fingerende str, dann die Spitze arbeiten.

Zeigefinger

Zu den restlichen M die Steg-M auffassen und alle M auf 3 Nd verteilen. Bis ca. 0,5 cm vor Fingerende str, dann die Spitze arbeiten.

Daumen

Dafür zu den stillgelegten Zwickel-M aus dem Querfaden vor dem Daumensteg aus jeder Steg-M und aus dem Querfaden nach dem Steg je 1 M rechts verschränkt auffassen und die M auf 3 Nd verteilen. In der 1. Rd die beiden M vor dem Steg rechts verschränkt, die beiden M nach dem Steg rechts zusstr. Weiter bis ca. 0,5-1 cm vor Daumenende str. Für die Spitze in jeder Rd die 2 letzten M jeder Nd rechts zusstr, bis 4-6 M übrig sind. Diese M mit doppeltem Faden zuziehen, Faden vernähen.

Den linken Handschuh gegengleich arbeiten.
Die Bündchen zur Hälfte nach außen umschlagen.

HINWEIS: Jeden Handschuh mit der gleichen Farbe des Farbrapports beginnen.

Aufteilung der Maschen

Größe 3/4/5

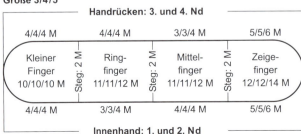

Handrücken: 3. und 4. Nd			
4/4/4 M	4/4/4 M	3/3/4 M	5/5/6 M
Kleiner Finger 10/10/10 M	Steg: 2 M — Ring-finger 11/11/12 M	Steg: 2 M — Mittel-finger 11/11/12 M	Steg: 2 M — Zeige-finger 12/12/14 M
4/4/4 M	3/3/4 M	4/4/4 M	5/5/6 M
Innenhand: 1. und 2. Nd			

SCHAL

Vollpatent

Ungerade M-zahl.

Für schöne Seitenränder die äußeren je 3 M wie nachfolgend beschrieben str.

1. R (Rückr): Die Rdm links abheben mit Faden vor der M, 1 M rechts, 1 M links abheben mit Faden vor der M, dann weiter *1 M rechts, 1 M mit 1 U links abheben, ab * stets wdh, mit 1 M rechts enden. Dann 1 M links abheben mit Faden vor der M, 1 M rechts str, die Rdm links abheben mit Faden vor der M.

2. R: Die Rdm rechts str, folgende M links abheben mit Faden vor der M, 1 M rechts, *1 M mit 1 U links abheben, folgende M mit dem U rechts zusstr, ab * stets wdh, enden mit 1 M mit 1 U links abheben. Dann 1 M rechts str, 1 M links abheben mit Faden vor der M, die Rdm rechts str.

3. R (Rückr): Die Rdm links abheben mit Faden vor der M, 1 M rechts, 1 M links abheben mit Faden vor der M, *1 M mit dem U rechts zusstr, 1 M mit 1 U links abheben, ab * stets wdh, enden mit 1 M mit dem U rechts zusstr, dann 1 M links abheben mit Faden vor der M, 1 M rechts str, die Rdm links abheben mit Faden vor der M.

Nach der 1. R die 2. und 3. R stets wdh.

Anleitung

41 M mit Nd 3,0-4,0 mm anschl und im Vollpatent str. Nach 150 cm Länge alle M abk.

Fertigstellen

In jedes Schalende 14 Fransen knüpfen. Für jede Franse 6 ca. 35 cm lange Fäden mittig zuslegen und die Schlaufe durch das Gestrick, dann die losen Enden durch die Schlaufe ziehen und festziehen. Nun ca. 1 cm unter dem Rand 1 Knotenreihe arbeiten. Dafür eine Hälfte Fäden der 1. Franse verknoten, dann weiter immer die 2. Hälfte der Franse mit der 1. Hälfte der nächsten Franse verknoten, zum Schluss die letzte Hälfte der letzten Franse verknoten. Darunter im Abstand von ca. 1 cm noch 1 weitere Knotenreihe arbeiten; dafür am Anfang das 1. halbe Fadenbündel mit der Hälfte des folgenden Fadenbündels verknoten, dann weiter immer 2 halbe Fadenbündel verknoten. Die Fransen auf gleichmäßige Länge schneiden.

MÜTZE

Anleitung

104 M mit Ndspiel 3,0-3,5 mm (26 M je Nd) anschl und 4 cm im Bündchenmuster str. Weiter glatt rechts str, dabei in der 2. Rd 8 M zunehmen. Dafür bei jeder Nd nach der 1. M und vor der letzten M je 1 M rechts verschränkt aus dem Querfaden str = 112 M. Diese Zunahmen in jeder 2. Rd 7x wdh = 168 M. In folgender 2. Rd 8 M abnehmen. Dafür bei jeder Nd die 1. M rechts abheben, folgende M rechts str und die abgehobene M überziehen, bis 2 M vor Ndende str und die beiden letzten M rechts zusstr = 160 M. Diese Abnahmen noch 19x in jeder 2. Rd wdh. Dann die restlichen 8 M mit doppeltem Faden zuszsiehen.

Fertigstellen

Die Mütze spannen, anfeuchten und trocknen lassen. 4 Pompons anfertigen und an die Ecken nähen.

Kindermütze

für warme Ohren

Glatt rechts

In Runden jede Rd rechts str.

Anleitung

Mit den Ohrenklappen beginnen.
Dafür 3 M anschl, 1 Rückr linke M,
dann glatt rechts str. Dabei in der
1. Hinr am R-Beginn nach der Rdm
und am R-Ende vor der Rdm 1 M
rechts verschränkt aus dem Querfaden str = 5 M.
Weiter in jeder 2. R beidseitig noch
8x je 1 M zunehmen. Dafür die Rdm
und 1 M rechts str, dann 1 M rechts
verschränkt aus dem Querfaden str,
bis 2 M vor R-Ende str, 1 M rechts
verschränkt aus dem Querfaden str,
1 M rechts und die Rdm str = 21 M
nach der 18. R = ca. 6 cm.
Noch 1 Rückr linke M str, dann die
M stilllegen und die 2. Ohrenklappe
ebenso arbeiten.
Nun für die Mütze 12 M anschl, 21 M
einer Ohrenklappe str, 51 M anschl,
21 M der 2. Ohrenklappe str, 12 M
anschl = 117 M. In Rd glatt rechts
weiterstr.

In 9 cm Mützenhöhe für die Abnahmen 9 x jede 13. M markieren und
mit der M davor rechts zusstr =
108 M. Dann 4x in jeder 4. Rd und
7x in jeder 2. Rd jede markierte M
mit der M davor zusstr = 9 M und ca.
19 cm Mützenhöhe.
In der folgenden Rd jede 2. und 3. M
rechts zusstr und über die restlichen
6 M noch 3 cm str, dann die M mit
dem Arbeitsfaden zuziehen. Den
Mützenrand einschließlich Ohrenklappen mit 1 Rd fM und 1 Rd
Krebsm (fM von links nach rechts)
umhäkeln.
Für die Zöpfchen an den Ohrenklappen jeweils 9 ca. 30 cm lange Fäden
mittig zuslegen, die Schlaufe durch
die Spitze der Ohrenklappe, dann
die losen Enden durch die Schlaufe
ziehen und festziehen. Jeweils ein
ca. 5 cm langes Zöpfchen flechten,
die Enden abbinden und auf ca.
2 cm Länge schneiden.

Grösse
Kopfumfang
ca. 53-55 cm

Material
Sockengarn 6-fädig
(75 % Schurwolle,
25 % Polyamid
LL 125 m / 50 g), in
Bunt geringelt, 50 g
Nadelspiel
3,0-3,5 mm
Häkelnadel 3,0 mm

Maschenprobe
Mit Nd 3,0-3,5 mm
bei glatt rechts
22 M und 30 Rd =
10 cm x 10 cm

Knopf an Knopf

Mützen und Schals im Partnerlook

Rippenmuster

M-zahl teilbar durch 3. In Rd 2 M links, 1 M rechts verschränkt im Wechsel str. In R das Muster beidseitig mit 2 Rdm str.

1. R (Rückr): 2 Rdm links abheben, dabei liegt der Faden vor den M, dann 2 M rechts, 1 M links verschränkt im Wechsel str, enden mit 2 M rechts und 2 Rdm links str.

2. R (Hinr): 2 Rdm links abheben, dabei liegt der Faden hinter den M, dann 2 M links, 1 M rechts verschränkt im Wechsel str. Enden mit 2 M links und 2 Rdm rechts str.

1. und 2. R stets wdh.

DAMENMÜTZE

Anleitung

Je nach M-zahl mit dem Ndspiel oder der Rundstricknd str. 78 M in Aubergine anschl und für das Bündchen 3,5 cm hoch 1 M rechts verschränkt, 1 M links im Wechsel str. Weiter nach jeder linken M 1 M links verschränkt aus dem Querfaden str = 117 M und 1 M rechts verschränkt, 2 M links im Wechsel. In 19 cm Gesamthöhe (28 Rd im Rippenmuster) 78 M abnehmen. Dafür jede rechts verschränkte M zus mit der M davor rechts abheben, folgende M rechts str und die abgehobenen M überziehen = 39 M. Weiter 4 Rd rechte M str, dann 19x 2 M rechts zusstr = 20 M und in folgender 2. R 10x 2 M rechts zusstr. Die restlichen 10 M mit dem Arbeitsfaden zuziehen.

Fertigstellen

Die Knöpfe auf das Bündchen nähen. In das Bündchen durch jede 2. Rd das Hutgummi ziehen und so die Weite einhalten.

Grösse

Damenmütze
Kopfumfang
ca. 52-56 cm

Damenschal
ca. 21 cm breit und
150 cm lang

Kindermütze
Kopfumfang
ca. 50-52 cm

Kinderschal
ca. 18 cm breit und
120 cm lang

Material

Damenschal und -mütze
— Wollmischgarn (70 % Polyacryl, 30 % Schurwolle, LL 55 m/50 g), in Aubergine, 450 g
— Hutgummi, ca. 170 cm
— ca. 17 verschiedene Goldknöpfe
— Rundstricknadel 7,0-8,0 mm, 60 cm lang
— Nadelspiel 7,0-8,0 mm
— Häkelnadel 7,0-8,0 mm

Kinderschal und -mütze
— Wollmischgarn (70 % Polyacryl, 30 % Schurwolle, LL 55 m/50 g), in Dunkelorange, 350 g
— Hutgummi, ca. 150 cm
— ca. 25 verschiedene Knöpfe
— Rundstricknadel 7,0-8,0 mm, 60 cm lang
— Nadelspiel 7,0-8,0 mm
— Häkelnadel 7,0-8,0 mm

Maschenprobe

Mit Nd 7,0-8,0 mm, im Rippenmuster 16 M und 18 R/Rd = 10 cm x 10 cm

DAMENSCHAL

Anleitung

36 M in Aubergine anschl und im Rippenmuster str,
dabei beidseitig 2 Rdm wie beschrieben arbeiten.
In 150 cm Länge alle M abk.

Fertigstellen

In den Anschlag und Abkettrand jeweils 12 Fransen
arbeiten. Je Franse 4 ca. 25 cm lange Fäden mittig
zuslegen, die Schlaufe durch das Gestrick, dann
die losen Enden durch die Schlaufe ziehen und
festziehen. Die Fransen auf ca. 10 cm Länge
schneiden.

KINDERMÜTZE

Anleitung

Je nach M-zahl mit dem Ndspiel oder der Rundstricknd str.
64 M in Dunkelorange anschl und für das Bündchen 3,5 cm hoch 1 M rechts verschränkt, 1 M
links im Wechsel str. Weiter nach jeder linken M
1 M links verschränkt aus dem Querfaden str =
96 M und 1 M rechts verschränkt, 2 M links im
Wechsel. In 17 cm Gesamthöhe (24 Rd im Rippenmuster) 64 M abnehmen. Dafür jede rechts verschränkte M zus mit der M davor rechts abheben,
folgende M rechts str und die abgehobenen M
überziehen = 32 M. Weiter 4 Rd rechte M str, dann
16x 2 M rechts zusstr = 16 M und in folg 2. R 8x 2
M rechts zusstr. Dann die restlichen 8 M mit dem
Arbeitsfaden zuziehen.

Fertigstellen

Die Knöpfe auf das Bündchen nähen. In das Bündchen durch jede 2. Rd das Hutgummi ziehen und
so die Weite einhalten.

KINDERSCHAL

Anleitung

30 M in Dunkelorange anschl und im Rippenmuster
str, dabei beidseitig 2 Rdm wie beschrieben
arbeiten. In 120 cm Länge alle M abk.

Fertigstellen

In den Anschlag und Abkettrand jeweils 10 Fransen arbeiten. Je Franse 4 ca. 20 cm lange Fäden
mittig zuslegen, die Schlaufe durch das Gestrick,
dann die losen Enden durch die Schlaufe ziehen
und festziehen. Die Fransen auf ca. 8 cm Länge
schneiden.

Herrenmütze und Fäustlinge

chic in den Schnee

Bündchenmuster

2 M rechts, 2 M links im Wechsel str.

Glatt rechts

In Runden jede Rd rechts str.

Bordüre für die Mütze

Glatt rechts in Jacquardtechnik nach Zählmuster A str, dabei den Rapport von 14 M stets wdh. 1x die 1.–21. Rd str.

Jacquardmuster für die Fäustlinge

In Jacquardtechnik jede Rd glatt rechts nach Zählmuster B str. 1x die 1.–36. Rd str.

Anleitungen

Mütze

Mit Nd 3,0-3,5 mm 124 M in Anthrazit meliert anschl und 10 cm im Bündchenmuster str.
Danach glatt rechts 1 Rd in Anthrazit meliert str, dabei verteilt 2 M zunehmen = 126 M. Anschließend für die Bordüre 21 Rd nach Zählmuster A und dann weiter glatt rechts in Anthrazit meliert str.
Nach 21 cm ab Bündchen für die Kordel am Rd-Beginn 2 M str, 1 U arbeiten, 1 M rechts abheben, 1 M rechts str und die abgehobene M überziehen, bis 4 M vor Rd-Ende str, dann 2 M rechts zusstr, 1 U arbeiten, die Rd beenden.
Weiter 2 Rd glatt rechts, 1 Rd linke M für den Umbruch und 2 cm glatt

rechts str. Alle M in einer Gesamthöhe von ca. 34 cm abk.
Den oberen Mützenrand an der linken Rd nach innen umnähen. In Dunkelrot eine ca. 65 cm lange Kordel anfertigen und einziehen. Den oberen Mützenrand zuziehen und die Kordelenden verknoten.
Das Bündchen zur Hälfte nach außen umschlagen.

Rechter Fäustling

Mit Nd 3,0-3,5 mm 52 M (= 13 M je Nd) in Anthrazit meliert anschl und im Bündchenmuster str.
In 7 cm Bündchenhöhe 1 Rd rechts str, dabei auf der 1. und 3. Nd je 1 M rechts verschränkt aus dem Querfaden str = je 14 M auf der 1. und 3. Nd und je 13 M auf der 2. und 4. Nd (= insgesamt 54 M).

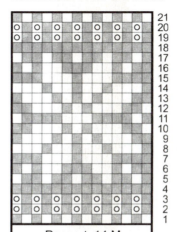

Zählmuster A für die Mütze

Rapport: 14 M

Grösse Mütze

Kopfumfang ca. 54-58 cm

Fäustlinge

Handumfang ca. 21 cm, Handlänge ca. 20 cm

Material Mütze

- Sockengarn 6-fädig (75 % Schurwolle, 25 % Polyamid, LL 125 m/50 g), in Anthrazit meliert, 100 g, in Natur und Kirsche, je 50 g
- Nadelspiel 3,0 mm-3,5 mm

Fäustlinge

- Sockenwolle 6-fädig (75 % Schurwolle, 25 % Polyamid, LL 125 m/50 g), in Anthrazit meliert und Natur, je 50 g
- Nadelspiel 3,0-3,5 mm

Maschenprobe

Mit Nd 3,0-3,5 mm bei glatt rechts 23 M und 34 Rd, im Jacquardmuster 23 M und 28 Rd = 10 cm x 10 cm

Weiter nach Zählmuster B für den rechten Fäustling str. Dabei für den Daumenzwickel in der 4. Rd beidseitig der 3. M der 1. Nd je 1 M rechts verschränkt aus dem Querfaden zunehmen, dann noch 6x wie gezeichnet beidseitig je 1 M zunehmen = 15 M für den Daumenzwickel nach der 19. Rd.

Nach der 20. Rd die 15 Zwickel-M stilllegen und darüber 5 M für den Daumensteg neu anschl; in der 23. Rd wie gezeichnet 2x 2 M zusstr und in der 25. Rd 1x 3 M wie gezeichnet zusstr.

In der 44. Rd, nach 15,5 cm ab Bündchen, die Spitze wie gezeichnet str. Danach die restlichen 6 M mit doppeltem Faden zuziehen.

Für den Daumen zu den stillgelegten 15 Zwickel-M

5 M, abwechselnd 1 M in Anthrazit meliert und 1 M in Natur aus dem Daumensteg auffassen = 20 M. Die M auf 4 Nd verteilen und wie beim Daumenzwickel abwechselnd 1 M in Natur und 1 M in Anthrazit meliert str, dabei die M in jeder 2. Rd versetzen.

In ca. 6 cm (16 Rd) Daumenhöhe für die Spitze in jeder Rd am Ende jeder Nd in Beige 2 M rechts zusstr, bis nur noch 8 M übrig sind. Diese M mit doppeltem Faden zuziehen.

Linker Fäustling

Gegengleich str. Die Sterne über den M der 1. und 2. Nd und den Daumenzwickel beidseitig der drittletzten M auf der 4. Nd arbeiten.

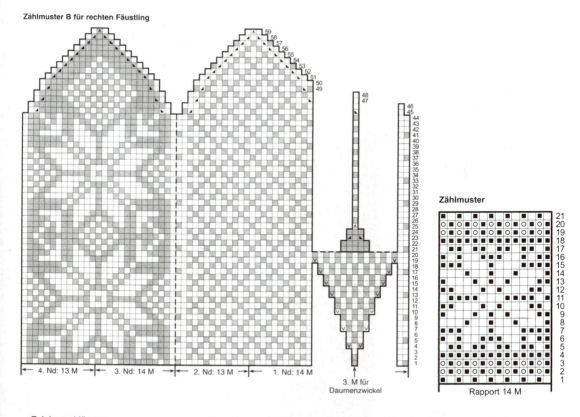

Zählmuster B für rechten Fäustling

4. Nd: 13 M   3. Nd: 14 M   2. Nd: 13 M   1. Nd: 14 M

3. M für Daumenzwickel

Zählmuster

Rapport 14 M

Zeichenerklärung

☐ = in Natur 1 rechte M

▨ = in Anthrazit mel 1 rechte M

⊙ = 1 M in Kirsche

∨ = in der entsprechenden Fb 1 M rechts verschränkt aus dem Querfaden str

◢ = in der entsprechenden Fb 2 M rechts zusammenstr

◣ = in der entsprechenden Fb 2 M rechts

überzogen zusammenstr: 1 M rechts abheben, folgende M rechts str und die abgehobene M überziehen

◮ = in der entsprechenden Fb 2 M zusammen rechts abheben, 1 M rechts str und die abgehobenen M überziehen

Herrenmütze mit Schal

im Norwegerstil

Glatt links

In Hinr linke, in Rückr rechte M str, in Runden jede Rd links str.

Jacquardmuster

M-Zahl teilbar durch 20. In Jacquardtechnik jede Rd rechts nach Zählmuster str, dabei den Rapport von 20 M stets wdh. Rd-Angaben siehe Anleitung!

Glatt rechts

In Hinr rechte M, in Rückr linke M str, in Runden jede Rd rechts str.

MÜTZE

Anleitung

140 M mit Ndspiel 3,0-4,0 mm mit Kamel anschl und 7 Rd glatt links str. Dann nach dem Zählmuster 1x die 1.-26. Rd str und mit Email meliert glatt rechts weiterstr. In 24 cm Mützenhöhe noch 1x die 24.-27. Rd des Zählmusters, dann in Kamel noch 1 Rd glatt rechts und 4 Rd glatt links str. In 27 cm Mützenhöhe alle M abk. Den Abkettrand in 4 Teile à 35 M einteilen, zur Hälfte zuslegen und zusnähen.

SCHAL

Anleitung

80 M mit Nd 3,0-4,0 mm mit Kamel anschl und 4 Rd glatt links str, dann nach Zählmuster 1x die 1.-26. Rd str. Anschließend mit Email meliert ca. 118 cm glatt rechts weiterstr, dann 1x die 26.-1. Rd nach dem Zählmuster arbeiten. Als Abschluss noch 4 Rd glatt links in Kamel str. Alle M abk. Den Anschlag und den Abkettrand schließen.

Zählmuster

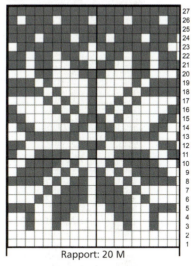

Rapport: 20 M

Zeichenerklärung

☐ = 1 M in Kamel   ■ = 1 M in Email meliert

Grösse

Mütze

Kopfumfang
ca. 54-58 cm

Schal

ca. 16 cm breit und
140 cm lang

Material

Schurwolle
(100 % Schurwolle,
LL 160 m / 50 g),
in Kamel, 50 g, und
in Email meliert,
250 g

Nadelspiel
3,0-4,0 mm

Maschenprobe

Mit Nd 3,0-4,0 mm
bei glatt rechts
24 M und 33 Rd =
10 cm x 10 cm

TIPP: Da das Jacquardmuster auf 10 cm 1-2 M mehr erforderlich macht, ist es empfehlenswert, dieses beim Schal mit ½ Ndstärke größer zu arbeiten, damit die Schalenden sich nicht zuziehen, z. B. das Jacquardmuster mit Nd 4,0 mm glatt rechts mit Nd 3,5 mm str.

Tolles Winteroutfit

für Ihn

Glatt rechts

In Runden jede Rd rechts str.

Glatt links

In Runden jede Rd links str.

Mütze

Mit Nd 3,0–4,0 mm 122 M in Grau meliert anschl und 7 Rd glatt links str, dann glatt rechts weiterstr. Für die Ohrenklappen die Ab- und Zunahmen in jeder 2. Rd wie folgt arbeiten: 19 M rechts, 1 U, 10 M rechts, 3 M rechts überzogen zusstr (2 M zus rechts abheben, 1 M rechts str und die abgehobene M überziehen), 10 M rechts, 1 U, 38 M rechts, 1 U, 10 M rechts, 3 M rechts überzogen zusstr, 10 M rechts, 1 U, 19 M rechts. Die Umschläge in den folgenden Rd jeweils rechts verschränkt str. In dieser Aufteilung bis ca. 22 cm Mützenhöhe gerade hochstr.
Dann 8x in jeder 2. Rd und 10x in jeder Rd nur noch Abnahmen über den 3 rechts überzogenen M arbeiten, dabei keine U arbeiten = 50 M. Die restlichen 50 M mit Maschenstichen miteinander verbinden.

Schal

Der Schal wird in 2 Teilen, jeweils vom Schalende zur Schalmitte gestrickt.

Für einen Schal mit ca. 14 cm Breite 70 M mit Nd 3,0–4,0 mm anschl und glatt rechts str, dabei die Ab- und Zunahmen in jeder 2. Rd wie folgt arbeiten: 6 M rechts, 1 U, 10 M rechts, 3 M wie bei der Mütze rechts überzogen zusstr, 10 M rechts, 1 U, 12 M rechts, 1 U, 10 M rechts, 3 M rechts überzogen zusstr, 10 M rechts, 1 U, 6 M rechts.
Die Umschläge in den folgenden Rd jeweils rechts verschränkt str. In dieser Aufteilung ca. 64 cm gerade hochstr.
Dann 3x in jeder 2. Rd nur noch Abnahmen über den 3 rechts überzogenen M arbeiten, dabei keine U arbeiten. Die restlichen 58 M stilllegen = hintere Mitte.
Die 2. Schalhälfte genauso arbeiten, dann die stillgelegten M beider Teile mit Maschenstichen zusnähen.
Den Anschlag- und Abkettrand zusnähen, dabei die Spitzen aufeinanderlegen und in diese jeweils 18 Fransen arbeiten. Je Franse 2 ca. 20 cm lange Fäden mittig zuslegen, die Schlaufe durch jede 2. M des Schals ziehen, dann die losen Enden durch die Schlaufe ziehen und festziehen. Die Fransen auf ca. 7 cm Länge abschneiden.

Grösse

Mütze
Kopfumfang
ca. 54–58 cm
Höhe ca. 32 cm

Schal
14 cm breit,
ca. 64 cm lang

Material

Mütze
- Schurwollgarn (100 % Schurwolle, LL 25 m/50 g), in Grau meliert, ca. 100 g
- Nadelspiel 3,0–4,0 mm

Schal
- Schurwollgarn (100 % Schurwolle, LL 125 m/50 g), in Grau meliert, ca. 200 g
- Stricknadeln 3,0–4,0 mm
- Wollmischgarn (55 % Schurwolle, 25 % Polyamid, 20 % Seide, LL 200 m/50 g), in Grau, 100 g
- Nadelspiel 2,0–3,0 mm
- Hilfsnadel

Maschenprobe

Mit Nd 3,0–4,0 mm bei glatt rechts 22 M und 31 Rd = 10 cm x 10 cm

Abkürzungen

abk	abketten	Rdm	Randmasche(n)
anschl	anschlagen	Rd	Runde(n)
Hinr	Hinreihe(n)	Rückr	Rückreihe(n)
Km	Kettmasche(n)	Stb	Stäbchen
Lm	Luftmasche(n)	str	stricken
M	Masche(n)	U	Umschlag/Umschläge
Nd	Nadel(n)	wdh	wiederholen
R	Reihe(n)	zus	zusammen

Impressum

FOTOS: Fotostudio Ullrich & Co., Renningen (S. 4-7, 10-16, 18-21, 26/27, 32/33, 38/39, 42/43, 46/47); Coats GmbH, Kenzingen (restliche Fotos)

DRUCK UND BINDUNG: L.E.G.O. S.p.A., Vicenza, Italien

Genehmigte Sonderausgabe
DMV Daten- und Medien-Verlag
Beteiligungs-GmbH
Römerstraße 4
86438 Kissing

1. Auflage 20101. Auflage 2010